CONGRÈS DE LA PROPRIÉTÉ BATIE DE FRANCE

LYON 1894

SECTION II

LA

RÉFORME HYPOTHÉCAIRE

RAPPORT

PAR

M. G. VACHER

Notaire à Lyon

LYON

IMPRIMERIE & LITHOGRAPHIE DU SALUT PUBLIC

71, Rue Molière, 71

1894

LA

RÉFORME HYPOTHÉCAIRE

OBSERVATIONS GÉNÉRALES

Des deux questions fort importantes soumises aujourd'hui à l'examen du Congrès, la première, qui est une réforme profonde et absolue de nos lois, de nos coutumes, de nos mœurs et qui cherche à établir sur notre vieux sol français les dispositions des continents nouveaux, a le malheur de ne connaître que des adversaires.

La seconde question, celle dont nous allons vous entretenir, a au contraire l'heureux privilège d'être en principe demandée par tous et de ne soulever que des observations de détail.

Le régime hypothécaire français inscrit dans notre Code a déjà subi des modifications notables par les lois du 23 mars 1855, du 13 février 1889 et du 19 février 1889, mais ces modifications n'ont pu satisfaire ni les théoriciens, ni les praticiens. Actuellement, nos Chambres sont saisies d'un projet de loi déposé par M. Dupuy-Dutemps, député, et dont le monde des affaires attend impatiemment la discussion et le vote.

Le législateur, dans la création d'un régime hypothécaire, doit avoir une double préoccupation :

Consacrer et garantir les intentions des parties;

Préserver les tiers de toute fraude, erreur ou incertitude.

Pour les premiers, il doit édicter un ensemble de formalités qui assurent l'exécution des contrats ; pour les seconds, il doit imposer un système de publicité chargé de révéler aux tiers intéressés à le savoir toutes les mutations, toutes les charges qui ont affecté ou grèvent la propriété.

Le cadre restreint de notre rapport ne comporte ni une étude absolue du système hypothécaire, ni une étude du nouveau projet de loi ; nous voulons seulement indiquer les réformes que la pratique journalière des affaires inspire, et présenter, en humble praticien, toutes les améliorations qui nous paraissent réclamées pour la sécurité et la facilité des transactions immobilières, sans nuire à la stabilité de notre crédit public.

Pour abréger notre travail, nous exposerons à grands traits les raisons qui font demander les principales réformes à introduire dans nos lois et nous essaierons de grouper, sous forme de texte législatif, les principes et les règles demandés.

Notre travail n'a pas la prétention d'être une œuvre personnelle, mais au contraire nous avons cherché à rappeler et à résumer les considérations d'abord, les vœux ensuite des compagnies, des sociétés, de tous ceux que ces réformes intéressent et dont nous partageons les doctrines.

DE LA TRANSCRIPTION

La loi du 23 mars 1855, qui règle aujourd'hui le régime hypothécaire sur la transcription, n'impose la publicité que pour certains actes de transmissions, et laisse de côté les testaments, partages, licitations, titre héréditaire. Ces derniers actes ou faits, émanant de la loi ou de la volonté des parties, apportent cependant dans les propriétaires ou les propriétés des changements ou modifications aussi importants, aussi utiles à connaître pour les tiers que la première catégorie d'actes dont la transcription est requise. Cette différence ne s'explique pas, et l'intérêt général commande la publicité la plus large et la plus complète de tous les actes intéressant la propriété immobilière.

En effet, celui qui veut acheter un immeuble ou prêter par hypothèque veut et doit apprendre par les registres de la transcription les charges, servitudes, changements d'état, de fait ou de personne qu'il lui importe de savoir pour la complète garantie du droit à lui concédé. Si certains actes de mutations, certains droits, sont dispensés de publicité, les acquéreurs ou prêteurs encourent des risques qui, les empêchant de réaliser leurs conventions projetées, ne nuisent pas qu'à eux seuls, mais ont leur influence sur les intérêts du propriétaire, qui se trouve privé du secours qu'il attendait des capitaux provenant d'une vente ou ou d'un emprunt.

C'est donc avec raison que la transcription doit être prescrite d'une façon absolue et générale, comme d'ailleurs elle est prescrite par les promoteurs du nouveau projet de loi.

Nous ne saurions donc trouver des objections sérieuses à la nécessité de transcrire tous les actes intéressant la propriété immobilière dans la distinction des actes attributifs ou déclaratifs de propriété, ni dans la fiction de la loi en matière de partage. La formalité de la transcription ne modifie ni ne supprime aucun des effets légaux attachés aux actes, mais avertit les tiers, et, donnant plus de sécurité à la propriété immobilière, lui assure dans nos transactions et nos stipulations une place claire et avantageuse.

Si, par la transcription, les parties comme les tiers n'ont plus à craindre une surprise, encore faut-il entourer le titre à transcrire de précautions et de garanties qui éloignent les causes d'erreur ou de fraude.

On est souvent arrêté dans la pratique actuelle des affaires par les inconvénients qui résultent des actes dépourvus de tout caractère authentique. L'irrégularité fréquente des titres de propriété tient non seulement au défaut de transcription, mais plus souvent encore à l'admission à la transcription d'actes sous seings privés informes rédigés sans compétence et parfois inspirés par la fraude. Déjà lors de la loi du 23 mars 1855, l'authenticité avait été réclamée et ce n'est pas sans difficulté qu'elle a été rejetée. Depuis, la Belgique dans sa loi de 1851, se conformant en cela à la règle adoptée par d'autres pays voisins, a édicté le principe de cette mesure, et nous nous demandons s'il ne serait pas nécessaire maintenant de suivre cet exemple.

Parmi les actes ou faits nouveaux à transcrire figurent ceux qui ont trait aux mutations à cause de mort. De très bons esprits se sont montrés les adversaires de cette publicité, dans la crainte d'amener la confusion et l'incertitude qui est précisément le danger à combattre. Dans cet ordre d'idées on a fait remarquer, principalement pour les successions testamentaires, que la validité d'un testament ne dépendait plus du seul fait du testateur,mais de l'accomplissement d'une formalité, que le légataire peut ignorer le bénéfice de sa disposition et que, par suite, le système de la publicité conduirait à dépouiller le légataire sans qu'il lui fût possible de se préserver contre un tiers, qui aurait acquis avant la connaissance du testament.

Ces objections ne devaient pas arrêter et n'arrêtent pas les promoteurs du nouveau projet de loi. L'exposé des motifs dit très justement que « Ici les déclarations sont faites uniquement pour éclairer les tiers et il nous a suffi de prescrire aux héritiers de faire opérer la mention de leurs droits, sous la seule sanction de l'indisponibilité du bien, tant que cette mesure de publicité n'aura pas été accomplie. » D'ailleurs, ni la publicité, ni la clandestinité n'empêcheront ou ne permettront le tort frauduleux fait à un légataire par un héritier qui voudra laisser le bénéficiaire d'un immeuble dans l'ignorance plus ou moins longue du testament. La transcription ne peut être responsable d'un dommage qui se produirait sans elle.

Il y a donc lieu d'imposer la publicité pour les mutations à cause de mort ; cette publicité s'opèrera pour les successions testamentaires, comme pour les successions ab intestat. Toutefois, le système préconisé par les promoteurs du nouveau projet de loi, dans leurs articles 5, 6, 7 et 8 auxquels nous renvoyons, parait soulever plusieurs observations.

Les obligations imposées aux maires et aux receveurs d'enregistrement sont inefficaces et sans utilité. L'extrait de la déclaration de succession délivré par le receveur et déposé à la conservation serait suffisant et répondrait lui seul au but poursuivi.

PRIVILÈGES, HYPOTHÈQUES.

Le principe de publicité qui fait demander la transcription pour tous les actes intéressant la propriété et les propriétaires doit recevoir une application aussi large et aussi absolue en matière de privilège et d'hypothèque.

La loi de 1855 a déjà réalisé un progrès considérable, et c'est avec raison que MM. Tourangin, le président Bonjean et le comte de la Doucette rendaient hommage à notre organisation immobilière dans la séance du 6 avril 1866, au Sénat. Toutefois, il est à remarquer que, néanmoins, les conditions particulières qui régissent notamment le privilège des vendeurs, l'hypothèque légale des femmes mariées et des mineurs, crée des obscurités et des incertitudes qui, dans un régime hypothécaire, doivent être évitées ou réformées. Si la clandestinité des droits réels a rencontré des défenseurs très autorisés, cette théorie est aujourd'hui rejetée à bon droit ; et tout le monde est d'accord de soumettre les droits réels et hypothèques aux deux conditions de publicité et de spécialité.

La protection qui est due soit, à la femme pendant le mariage, soit au mineur pendant la tutelle, ne doit en aucune façon être nuisible aux tiers et l'hésitation, qui a inspiré le législateur de 1855, doit aujourd'hui disparaitre en présence du résultat obtenu dans un pays voisin, la Belgique.

Depuis 1851, en effet, l'hypothéque légale est soumise à la publicité et à la spécialité. Cette réforme non seulement n'a amené aucun mécompte pouvant créer une obligation sérieuse, mais au contraire a produit les résultats les plus heureux en développant le crédit et en tarissant une source trop féconde de procès.

L'article 2103 de notre Code civil, qui crée l'énumération des privilèges sur les immeubles, doit recevoir une autre modification, qui d'ailleurs est reconnue utile par les promoteurs de la Loi nouvelle : la suppression du privilège des architectes et des entrepreneurs.

Ce privilège, entouré de formalités multiples et coûteuses, ne reçoit dans la pratique qu'une application très restreinte et peut, dans certaines circonstances, paralyser le crédit du propriétaire qui élève une maison.

A côté de cette suppression, il en est une autre qui a été demandée avec plus d'insistance encore que la première, c'est celle de l'hypothèque judiciaire.

A aucun point de vue, cette hypothèque n'a de raison d'être dans notre législation actuelle; elle consacre une différence d'une iniquité choquante entre des créanciers d'une même origine et, par une inconséquence qui a échappé aux rédacteurs du Code civil, elle accorde à des créanciers chirographaires qui, à la naissance de leurs créances, se contentaient de la foi de leur débiteur et d'un acte sous seing privé, un droit plus considérable que celui qui est accordé aux créanciers hypothécaires.

La vieille maxime " Jura vigilantibus prosunt " ne peut soutenir la légitimité de l'hypothèque judiciaire; la vigilance ne peut s'entendre des efforts des créanciers à lutter entre eux de vitesse pour obtenir condamnation du débiteur.

Aujourd'hui, en nous inspirant des mêmes principes que le législateur belge, que M. Valette en 1850 et la majorité des jurisconsultes qui ont écrit sur la matière, nous n'hésitons pas à demander la suppression pure et simple de l'hypothèque judiciaire. Toutefois il est nécessaire de protéger les créanciers chirographaires et de ne pas permettre au débiteur, en l'absence de toute hypothèque judiciaire, de les léser par la concession d'une hypothèque prise au profit d'un tiers ou même au profit de l'un d'eux. Pour obvier à cet inconvénient, les promoteurs du nouveau projet de Loi ont édicté, sous l'article 55, un ensemble de formalités qu'ils désignent sous la rubrique de " Mainmise Immobilière. »

Tout en reconnaissant la sagesse de ces prescriptions, il nous est impossible de ne pas y préférer le système édicté par une résolution du comité de la commission du Cadastre, en ce sens que ce dernier système, dont on trouvera l'organisation plus loin, nous parait plus avantageuse pour le créancier que pour le débiteur.

Nous avons réservé comme dernière observation celle qui concerne une innovation rêvée depuis longtemps par d'éminents théoriciens et inscrite dans le nouveau projet de loi de M. Dupuy-Dutemps sous les articles 49, 50, 51, 52, 53, 54, sous la rubrique " *Cédule hypothécaire* ".

Pour notre part, nous n'hésitons pas à rejeter une institution dont la nécessité n'est réclamée par personne et dont les dangers nous paraissent certains. Cette institution, que les promoteurs de la nouvelle loi empruntent à un projet présenté par M. Jules Challamel au Congrès international de la propriété foncière, n'est pas à proprement parler une innovation. Une première loi, du 9 messidor an III, portait l'institution de la Cédule hypothécaire. Cette loi ne reçut jamais son exécution, malgré cinq prorogations successives, et, dans son discours au Corps législatif (26 ventôse an XII), M. Garnier expliquait ainsi les raisons de l'ajournement :

« Sous la Révolution, les idées de publicité et de spécialité se repro-
« duisirent avec force, mais la loi du 9 messidor an III répandit des
« alarmes au lieu de rassurer. On ne fut pas seulement inquiet sur la
« rapidité de l'expropriation forcée, on le fut encore sur la facilité avec
« laquelle chaque citoyen, en prenant hypothèques sur lui-même, pou-
« vait convertir ses immeubles en espèces de lettres de change ; on vit
« avec effroi une sorte de mobilisation du sol de la République qui,
« pour quelques avantages qu'elle pouvait produire, offrait les plus
« funestes moyens à la dissipation et menaçait les fortunes d'un ébran-
« lement général. De l'engourdissement d'où l'on voulait sortir on allait
« jusqu'à la convulsion. Aussi l'exécution de cette loi fut heureusement
« suspendue jusqu'à celle du 11 brumaire an VII ».

Si les détails de formalité diffèrent de la cédule hypothécaire condamnée en termes aussi vifs et aussi justes, le principe et ses conséquences restent les mêmes et cette innovation, sous le prétexte de donner un développement au crédit agricole, tend à la mobilisation du sol. Aujourd'hui nous demandons très sincèrement si ce que nos pères regardaient comme une utopie dangereuse et repoussaient avec tant d'énergie est devenu un instrument de crédit et une source de profits ; si la loi de messidor an III, née dans la tourmente révolutionnaire, arrêtée à sa naissance par l'effroi de ses conséquences, doit maintenant voir le jour. Mobiliser la propriété, mais pour qui et pour quoi ?

Nous voyons bien ce que le spéculateur pourra retirer de ce titre facile à céder et d'une transmission commode ; mais nous nous demandons où sera l'avantage de l'agriculteur laborieux et honnête.

« Ne voyez-vous pas surgir, comme l'a dit en si excellents termes
« M. Martin, avocat à Rouen (Congrès de 1892), dès que le projet
« serait appliqué, ces bandes louches qui ont amené tant de catastrophes
« mobilières, étendre leurs ravages à la propriété immobilière. Redoutez
« l'appât dangereux de ces trop grandes facilités offertes au dépouille-
« ment du petit cultivateur ! Craignez que, de la Bourse, la fièvre de la
« spéculation ne vienne à gagner nos campagnes ? Ne donnez pas au
« petit propriétaire, pressé par la tentation, cette possibilité de vendre
« ou de jouer son fonds, qu'il regrettera demain, mais trop tard ! Ne
« précipitez pas ce mouvement déjà trop accentué qui dépeuple les
« champs en encombrant les villes ! »

Par son essence même, le sol se refuse à la mobilité qu'on cherche à lui imposer par ces nouvelles théories ; et vouloir renverser ce caractère essentiel de notre sol national, c'est provoquer la dissipation des fortunes laborieusement acquises, préparer la ruine des propriétaires, obligés d'emprunter, ébranler tous les patrimoines.

Qui oserait soutenir que notre fortune immobilière n'est pas enviée par tous les pays qui nous entourent, que notre agriculture n'a pas été la cause de notre richesse nationale, que de notre temps comme du temps de Sully ce n'est pas à la terre que nous devrons encore notre prospérité. Pour créer cet état florissant, avons nous eu besoin de ces théories spéculatives qui nous sont offertes ? Assurément non. Pourquoi dès lors abandonner des traditions aussi brillantes, aussi fructueuses, renier tout un passé, et nous lancer dans la réalisation de conceptions nouvelles. Le spectacle des pays qui ont adopté la cédule hypothécaire n'est pas fait d'ailleurs pour nous tenter et nous pousser vers elle. Les désastres dont se ressentira encore longtemps l'Amérique du Sud sont là pour nous avertir et nous faire envisager la situation qui résulte de cette facilité de transmission, de cette mobilité du sol.

A côté de ces considérations générales et historiques, l'institution des cédules hypothécaires rencontre des difficultés d'application qui la condamnent. Qui viendra assigner à nos propriétés la valeur qui sera la garantie des prêteurs ? Sera-ce le conservateur ? Jamais vous ne trouverez un fonctionnaire, aussi richement rétribué soit-il, qui accepte de devenir responsable de tous les prêts consentis dans sa circonscription. Sera-ce l'Etat ? Mais, en dehors des objections que soulèvera la méthode d'estimation à employer, c'est revenir en arrière, au système féodal, et abdiquer le privilège d'indépendance et d'absolue propriété qui sont notre patrimoine. Est-ce que l'ingérence de l'Etat chez nous est bien compatible avec nos aspirations démocratiques ?

Nous rejetons donc les cédules hypothécaires comme chimériques et néfastes, et nous ne pouvons les accepter comme un remède au mal que nous subissons actuellement. Evidemment les propriétaires, les agriculteurs, voient tous les jours décroître la valeur de leurs biens ; les immeubles se vendent mal, les capitaux s'éloignent d'eux, surtout dans les campagnes, mais les cédules hypothécaires ne pourront rien modifier à cet état regrettable et, pour réagir contre ses effets, il faut réagir contre les causes qui les ont amenés. Ces causes sont :

1° Le taux excessif des droits de mutation en matière immobilière, droits que ne feront pas disparaître les cédules hypothécaires ;

2° La longueur et les frais de la procédure de l'expropriation.

Quand le législateur aura diminué les droits de mutation, les frais et la procédure de la réalisation du gage, nous verrons la propriété reprendre, et les capitaux se rapprocher d'elle.

Si notre fortune mobilière avait à supporter la moitié seulement des charges et des droits qui pèsent sur la propriété immobilière, il est certain que nous verrions les transactions diminuer également d'une façon inquiétante.

Au lieu d'aller chercher des procédés exotiques, et d'abandonner sans motif nos traditions, examinons sincèrement les côtés rendus défectueux par l'évolution des temps de notre système actuel, rendons à notre propriété foncière la place qu'elle doit occuper, faisons l'équilibre dans l'application des impôts entre elle et la fortune mobilière, répartissons les charges, et nous donnerons à nos immeubles cette facilité de transaction si désirée, tout en lui laissant cette stabilité, cette immobilité qui ont fait notre grandeur nationale et seront notre sauvegarde dans l'avenir.

GASTON VACHER,
Notaire à Lyon.

PROJET DE LOI

CHAPITRE PREMIER

DE LA TRANSCRIPTION ET DE SES EFFETS

Article premier.

Sont transcrits au bureau des hypothèques de la situation des biens :

1° Tous actes et conventions à titre gratuit ou à titre onéreux et tous jugements translatifs, déclaratifs ou constitutifs de droits réels immobiliers ou portant résolution, extinction, renonciation ou modification de ou à ces mêmes droits.

2° Les baux excédant douze années, soit par leur terme originaire, soit par l'effet d'un renouvellement ou prolongation consenti avant expiration.

3° Les actes ou jugements portant libération ou cession de plus d'une année de loyers ou fermages non échus quelle que soit la durée du bail ou de la location.

4° La cession de biens volontaire ou judiciaire faite en conformité des articles 1265 à 1270 du Code civil.

Et 5° Les jugements déclaratifs de faillite et les jugements d'ouverture de liquidation judiciaire, lorsque l'actif comprend des droits réels immobiliers.

Art. 2.

La transcription s'opère par la représentation au Conservateur des hypothèques d'une copie authentique du titre, s'il s'agit d'un acte public ou d'un jugement ; si l'acte est sous seings privés, il devra être reconnu devant notaire ou en justice. Le requérant y joint deux bordereaux dont l'un peut être porté sur la copie authentique. Ces bordereaux contiennent les indications suivantes :

1° Les noms, prénoms, la profession, le domicile ou la résidence des parties ; 2° la nature et la date du titre ; 3° le nom de l'officier public qui a reçu l'acte, s'il est authentique ou l'indication du Tribunal qui a rendu le jugement; 4° la nature et la situation des droits transmis ou attribués ; 5° le prix, les soultes et les charges évalués, et 6° les servitudes et stipulations restrictives.

Le conservateur transcrit sur son registre le contenu aux bordereaux et remet au requérant la copie authentique et l'un des bordereaux au pied duquel il certifie avoir fait la transcription.

ART. 3.

Sont aussi rendues publiques les mutations par décès de droits réels immobiliers.

La transcription s'opère par le dépôt à la Conservation des hypothèques de deux extraits, en ce qui concerne les immeubles des déclarations de successions, reçues par les Receveurs de l'Enregistrement ; ces extraits sont certifiés par les receveurs.

Le conservateur transcrit sur son registre le contenu aux extraits et remet au requérant l'un des extraits, au pied duquel il certifie avoir fait la transcription.

Les héritiers légaux représenteront, avec les extraits, un intitulé d'inventaire ou acte de notoriété; les successeurs irréguliers représenteront un extrait du jugement qui les aura envoyés en possession, les légataires ou donataires à cause de mort, un extrait littéral tant de la disposition que du titre amiable ou judiciaire constatant, le cas échéant, la délivrance ou l'envoi en possession.

ART. 4.

Jusqu'à la transcription, les droits résultant des actes, jugements e mutations énoncés aux articles précédents ne peuvent être opposés aux tiers qui, de la même personne, ont des droits sur l'immeuble et les ont conservés en se conformant aux lois.

Toutefois, en ce qui concerne les mutations par décès, un délai de six mois à partir du décès est accordé aux héritiers, légataires ou autres bénéficiaires pour remplir cette formalité. Aucune aliénation, ni constitution de droits réels ne pourra être faite par eux avant la transcription.

Les baux non transcrits ne peuvent être opposés aux tiers que pour le temps restant à courir soit de la première période de douze ans, soit de la seconde et ainsi de suite.

Le paiement ou la cession d'une année de loyer ou fermage non échu ne peuvent leur être opposés, même pour moins d'un an, si l'acte ou jugement qni les constate n'a pas été transcrit.

Ne sont pas considérés comme tiers les ayants-cause à titre universel.

ART. 5.

Les notaires sont tenus de faire transcrire les actes passés devant eux.

Les avoués doivent faire transcrire les jugements passés en force de chose jugée et les arrêts rendus par les juridictions auprès desquelles ils exercent.

Les syndics et liquidateurs judiciaires sont chargés de faire transcrire les jugements déclaratifs de faillite et ceux d'ouverture de liquidation judiciaire.

Le tout dans le mois de la date des actes et jugements.

Si l'acte ou le jugement résoud, annule ou rescinde un acte transcrit, il en sera fait mention en marge de la transcription primitive à la diligence du requérant.

ART. 6.

Le conservateur, lorsqu'il en est requis, délivre, sous sa responsabilité, l'état partiel ou général ou par simple tableau des transcriptions et mentions prescrites par les articles précédents et des inscriptions de privilège ou d'hypothèque.

ART. 7.

Nul n'est admis à requérir la transcription d'un droit ou l'inscription d'une créance, si le droit de son auteur n'a pas déjà reçu ou s'il ne reçoit pas simultanément la publicité par la transcription du titre de cet auteur.

ART. 8.

L'action résolutoire pour inexécution des conditions d'un contrat translatif ou déclaratif à titre gratuit ou onéreux des droits réels immobiliers ne peut être exercé au préjudice des tiers, si le droit de résolution n'a pas été réservé dans le bordereau prescrit par l'art. 2 ou rendu public par une inscription antérieure à celle de leurs droits.

La même règle doit être observée à l'égard du droit de révocation d'une disposition testamentaire pour cause d'inexécution des charges apposées à la libéralité, du droit de retrait établi par le second paragraphe de l'art. 1,408 du Code civil, du droit de retour stipulé par un donateur dans les termes de l'article 951 du Code civil, de la faculté de réméré et de toute autre cause de résolution établie par la volonte des parties.

Dans le cas où la résolution pour inexécution des conditions peut être opposée aux tiers, il est loisible à ces derniers d'en prévenir les effets en désintéressant le demandeur. Ce droit peut être exercé tant que la décision prononçant la résolution n'est pas passée en force de chose jugée.

ART. 9.

Les actions en nullité, fondées sur les articles 446 et 447 du Code de commerce, sont sans effet à l'encontre des tiers qui ont acquis à titre onéreux des droits sur les immeubles aliénés par le débiteur et qui les ont conservés avant la mention faite en vertu de la demande en nullité, à moins qu'ils n'aient eu connaissance des vices du titre de leur auteur.

Les aliénations et constitutions de servitudes ou droits de jouissance, valablement consenties par le débiteur avant le jugement déclaratif de la faillite ou de la liquidation judiciaire, peuvent être utilement transcrites jusqu'à la transcription dudit jugement.

ART. 10.

Il n'est pas dérogé aux principes du Code civil en ce qui touche la révocation des donations pour cause de survenance d'enfants, la révocation des donations entr'époux pendant le mariage, la réduction pour cause d'atteinte à la réserve héréditaire et la nullité ou le redressement des partages d'ascendants pour les causes prévues par l'art. 1078 et par la deuxième disposition de l'art. 1079 du Code civil.

Néanmoins les actions ouvertes aux descendants omis, ou qui ne sont pas remplis de leur part de réserve, ne pourront être exercées au préjudice des tiers qui ont acquis des droits sur les immeubles compris dans le partage, que discussion préalablement faite des biens de ces héritiers et en observant l'ordre des dates des aliénations, comme il est dit en l'article 930 du Code civil pour l'action en réduction.

ART. 11.

Les actions en rescision et en nullité dirigées soit contre un acte, soit contre un contrat translatif ou déclaratif de droits réels immobiliers, à moins qu'elles ne résultent d'incapacité d'une des parties ou du défaut absolu d'acte notarié, lorsqu'il est exigé par la loi, sont sans effet à l'égard des tiers qui ont acquis à titre onéreux des droits sur l'immeuble, dans l'ignorance des causes de rescision ou de nullité qui viciaient les titres de leurs auteurs.

ART. 12.

L'article 860 du Code civil est ainsi modifié :

Hors le cas d'une réserve expresse insérée dans la donation et régulièrement publiée, le rapport n'a lieu qu'en moins prenant, lorsque le donataire a aliéné l'immeuble ou l'a grevé de droits réels avant l'inscription des droits des cohéritiers.

Le rapport est dû de la valeur de l'immeuble au jour de la donation, si la stipulation du rapport en nature n'y a pas été faite. Il est dû de la valeur au jour du partage, si la stipulation reste inefficace par défaut d'inscription en temps utile.

Art. 13.

Toute demande tendant à faire prononcer la révocation, la résolution, la rescision ou la nullité d'un acte doit, pour être reçue devant les Tribunaux, avoir été mentionnée en marge de la transcription de cet acte.

Art. 14

Lorsqu'un droit de résolution, une action en revendication, ou une action en nullité ou rescision préjudicie aux droits de créanciers privilégiés ou hypothécaires, les sommes que le propriétaire antérieur ou le revendiquant peut être tenu de rembourser sont attribuées jusqu'à due concurrence à ces créanciers suivant leur rang.

Art. 15.

En aucun cas, les droits acquis par des tiers postérieurement à la mention de la demande mise en marge de la transcription, comme il est prescrit en l'article ci-dessus, ne peuvent être opposés à l'ancien propriétaire qui fait prononcer la résolution.

Art. 16.

Les tiers, qui ont valablement acquis des droits sur un immeuble, peuvent en requérir la transcription ou l'inscription nonobstant le décès du constituant, alors même que sa succession serait déclarée vacante ou acceptée sous bénéfice d'inventaire.

L'inscription prise après le décès, mais dans les quarante-cinq jours de la constitution du droit, ne peut-être primée par aucune inscription du chef de l'héritier ou autre successeur.

Passé ce délai, elle ne peut avoir effet qu'à sa date, et, dans le cas de vacance ou d'acceptation bénéficiaire, elle est inopérante à l'égard des créanciers de la succession.

Art. 17.

Les articles 834 et 835 du Code de procédure civile et la loi du 23 mars 1855 sont abrogés.

Art. 18.

Sont dispensés du Timbre les bordereaux, extraits et copies de déclarations à fournir aux bureaux des hypothèques.

Est supprimé le timbre des registres de la Conservation des hypothèques.

Jusqu'à ce qu'une loi spéciale détermine les droits à percevoir, la transcription des actes ou jugements, énoncés aux articles précédents, donnera lieu à un droit proportionnel de 0,25 par 100 fr.

CHAPITRE II

DES PRIVILÈGES

Article premier.

Les privilèges généraux sur les immeubles sont supprimés. Les articles 2104 et 2105 du Code civil sont abrogés.

Art. 2.

Les créances privilégiées sur les immeubles sont :

1° Les frais de justice faits pour la réalisation de l'immeuble et la distribution du prix.

2° La créance du vendeur pour le prix et les autres charges résultant de l'acte de vente; — celle des échangistes pour les soultes stipulées dans l'acte d'échange et les dommages-intérêts pouvant résulter d'une éviction; — celle du donateur pour les charges ou prestations imposées au donataire dans l'acte de donation.

3° La créance des co-partageants, savoir : pour les soultes ou retours de lots, sur les immeubles compris dans le lot chargé de la soulte; — pour le prix de la licitation, sur le bien licité ; — pour la garantie établie par l'art. 884 du Code civil, sur les immeubles compris dans le lot des garants.

Le privilège n'a lieu, dans les cas prévus aux numéros 2 et 3 ci-dessus, qu'autant que l'acte contient la stipulation d'une somme déterminée ou l'évaluation des charges ou indemnités d'éviction ;

4° Celles des créances d'une succession et des légataires, dans les termes de l'article 5 ci-dessous.

Art. 3.

Les articles 2106 et 2107 du Code civil sont remplacés par les suivants :

Art. 2106. Entre les créanciers, les priviléges ne produisent d'effet sur les immeubles que s'ils ont été rendus publics par l'inscription et seulement à partir de la date de cette inscription.

Art. 2107. Est seule exceptée de la formalité de l'inscription la créance des frais de justice.

Art. 4.

Les articles 2108 et 2109 du Code civil sont remplacés par le suivant :

Le privilège du vendeur, du donateur, de l'échangiste et du co-partageant ne pourra s'exercer qu'autant qu'il aura été conservé par une inscription encore subsistante.

Le conservateur des hypothèques sera tenu de l'inscrire d'office au moment de la transcription du titre d'où il résulte.

L'action résolutoire du vendeur est liée au privilège. Elle ne peut en aucun cas et à l'égard des tiers survivre à l'extinction de celui-ci.

L'action en folle enchère s'éteint en même temps que l'inscription de privilège.

Le vendeur, le donateur, l'échangiste et le co-partageant pourront, par une clause formelle, renoncer à leurs privilèges et dispenser des inscriptions.

Art. 5.

Le privilège de séparation des patrimoines, sur les immeubles de la succession, se conserve pas une inscription prise dans les trois mois de l'ouverture de la succession, nonobstant toute transcription d'aliénation du chef de l'héritier et sans qu'il soit besoin d'aucune demande en justice. Les légataires et créanciers du défunt ont préférence sur tous créanciers personnels de l'héritier; mais il n'est rien changé à leurs droits respectifs.

L'inscription peut encore être prise après expiration du délai de trois mois, tant que l'immeuble n'a pas fait l'objet d'une aliénation transcrite; mais, en ce cas, elle ne reçoit effet qu'à sa date, comme simple inscription d'hypothèque, soit à l'égard des créanciers du défunt et de ses légataires, soit à l'égard des créanciers personnels de l'héritier.

Elle est radiée sur le seul consentement de celui qui l'a requise ou de ceux qui ont fait inscrire leurs droits en marge.

CHAPITRE III

DES HYPOTHÈQUES LÉGALES

Article premier.

Le créancier qui a une hypothèque soit légale, soit conventionnelle, doit la faire inscrire au bureau de la Conservation des hypothèques de la situation des immeubles.

L'inscription ne peut avoir lieu que pour une somme fixée et sur des immeubles désignés.

A défaut d'inscription, l'hypothèque ne peut être opposée aux tiers qui ont des droits et les ont conservés en se conformant aux lois.

L'article 2122 du Code civil est abrogé.

Art. 2.

L'article 2134 du Code civil est ainsi modifié :

Entre les créanciers, l'hypothèque soit légale, soit conventionnelle, n'a de rang que du jour de l'inscription prise par le créancier sur les registres du conservateur, dans la forme et de la manière prescrites par la loi.

L'article 2135 du même Code est abrogé en tant qu'il dispense de l'inscription l'hypothèque légale des mineurs et interdits et celle des femmes mariées.

Art. 3.

Tout contrat de mariage déterminera la somme pour laquelle la femme aura l'hypothèque légale sur les immeubles de son mari, à raison de sa dot et de ses conventions matrimoniales.

Si le mari a des immeubles, le contrat spécifiera ceux des dits immeubles sur lesquels l'hypothèque devra frapper, les autres en seront affranchis. Il ne pourra pas être convenu qu'il ne sera pris aucune inscription sur les immeubles du mari, mais il pourra être sursis à cette inscription.

Si la désignation prescrite, par le paragraphe deuxième du précédent article, des immeubles sur lesquels l'hypothèque légale devra frapper a été omise, tous les immeubles du mari seront soumis à cette hypothèque légale

Le notaire devra prévenir les parties que l'hypothèque légale n'aura d'effet que par l'inscription et les interpeller de déclarer si elles entendent l'inscrire immédiatement. En cas d'affirmative et si les immeubles ont été désignés, l'inscription sera prise à la diligence du notaire et ce dans le délai d'un mois.

Si le mariage ne s'accomplit pas, la mention sera rayée sur la représentation faite au conservateur, soit d'un acte notarié par lequel les parties auront déclaré que, n'entendant pas passer outre à la célébration du mariage, elles résilient les conventions matrimoniales, soit d'un jugement rendu par le tribunal du domicile de la partie demanderesse, en la Chambre du conseil sur simple citation, sans aucune procédure et sans préliminaires de conciliation, soit de l'acte d'un autre mariage.

Art. 4.

Tout notaire qui recevra un acte portant vente d'immeuble appartenant à une femme mariée, obligation d'une femme conjointement avec son mari, acceptation d'une donation ou délivrance d'un legs d'effets mobiliers au profit d'une femme mariée, qui procédera à la liquidation d'une succession dans laquelle une femme mariée aura des droits, et généralement qui passera un acte par suite duquel un mari se trouvera appelé à recevoir des valeurs mobilières appartenant à sa femme, sera tenu d'interpeller celle-ci de déclarer si elle entend inscrire son hypothèque légale à raison de l'acte qu'elle va souscrire, et, en cas d'affirmative, sur quels immeubles l'inscription devra être prise.

Si la femme déclare qu'elle entend prendre inscription, cette inscription sera prise à la diligence du notaire, sur les immeubles désignés par la femme, et ce dans le délai déterminé par l'article 3 qui précède.

Art. 5.

Toute inscription qui pourrait devenir nécessaire pendant le mariage, par suite soit de l'insuffisance des biens du mari, soit de l'ouverture de nouveaux droits au profit de la femme, sera prise par le mari ou la femme elle-même, autorisée à cet effet par le Président du Tribunal, sur des immeubles toujours spécialement désignés et pour des sommes déterminées.

Les parents et alliés de la femme en ligne directe et en ligne collatérale au degré de frère, de sœur, d'oncle et de tante, pourront provoquer l'accomplissement de la formalité d'inscription, avec l'autorisation ci-dessus prévue.

Art. 6.

Dans le cas où les femmes peuvent céder leur hypothèque légale ou y renoncer, cette cession ou cette renonciation doit être faite par acte authentique et les cessionnaires n'en sont saisis à l'égard des tiers que par l'inscription de cette hypothèque à leur profit, ou par la mention de la subrogation en marge de l'inscription préexistante.

La renonciation par la femme à son hypothèque légale, au profit de l'acquéreur d'immeubles grevés de cette hypothèque, en emporte l'extinction à partir, soit de la transcription de l'acte d'aliénation, si la renonciation y est contenue, soit de la mention faite en marge de la transcription de l'acte d'aliénation, si la renonciation a été faite par un acte distinct. Dans tous les cas, cette renonciation n'est valable et ne produit les effets ci-dessus bue si elle est contenue dans un acte authentique.

Art. 7.

L'hypothèque légale des mineurs et des interdits devra ètra prise, à la diligence du tuteur, du subrogé-tuteur et du greffier de la justice de paix, dans le mois de la délibération qui aura désigné ceux des immeubles du tuteur devant être soumis à l'hypothèque et qui aura fixé la somme pour laquelle l'inscription sera prise.

Si le tuteur s'ingère dans la gestion avant que la formalité d'inscription soit remplie, il pourra être destitué de la tutelle par le conseil de famille.

Le subrogé-tuteur est tenu, sous sa responsabilité personnelle, de veiller à ce que l'inscription soit valablement prise ou de la prendre lui-même.

Art. 8.

Le conseil de famille pourra déclarer qu'il sera sursis à l'inscription, par délibération motivée et prise à la majorité, avec avis favorable du juge de paix.

Cette délibération pourra être frappée d'opposition dans la huitaine par tout membre du conseil de famille. Le tribunal statuera comme en matière urgente, ministère public entendu.

ART. 9.

Si, lors de la délibération dont il est parlé en l'article 7, il est reconnu que le tuteur ne possède pas d'immeubles, ou si les immeubles sont insuffisants, le conseil de famille pourra convenir d'un cautionnement à fournir par le tuteur en valeurs agréées par le conseil, le subrogé-tuteur devra veiller à l'accomplissement de cette condition.

Il en sera de même si le tuteur préfère affranchir ses immeubles.

ART. 10.

Dans le cas où les garanties données aux mineurs ou aux interdits seraient devenues insuffisantes, le conseil de famille pourra exiger ou une augmentation du cautionnement, ou l'extension de l'hypothèque à d'autres immeubles.

ART. 11.

Si, dans le cours du mariage ou de la tutelle, il est reconnu que l'hypothèque légale de la femme, du mineur ou de l'interdit, frappe plus de biens qu'il n'est nécessaire, la réduction de l'inscription pourra être demandée par le mari ou le tuteur, dans la forme prévue par les articles 2143 et suivants du Code civil.

ART. 12.

Les inscriptions prises au profit d'une femme mariée, d'un mineur ou d'un interdit, sont dispensées de renouvellement, pendant la durée du mariage ou de la tutelle, et pendant l'année suivante. Pour conserver leur effet au delà, elles devront être renouvelées dans le cours de l'année qui suivra la dissolution du mariage, ou la cessation de la minorité ou de la tutelle.

CHAPITRE IV

DES HYPOTHÈQUES ET DE LA PURGE

Article premier.

Les biens à venir ne peuvent pas être hypothéqués (article 2.129 Code civil).

Est abrogé l'article 2130 du Code civil.

Art. 2.

L'inscription d'une hypothèque conventionnelle doit contenir la désignation détaillée de chacun des immeubles affectés.

Sera nulle, à l'avenir, l'inscription prise sur la généralité des immeubles du débiteur, dans tel arrondissement, telle commune ou tel lieu déterminé sans désignation spéciale.

Art. 3.

Le créancier ayant privilège ou hypothèque pour un capital inscrit comme productif d'intérêts ou arrérages à droit d'être colloqué pour 10 0/0 au plus, y compris l'année courante, au même rang que son capital, sans préjudice des inscriptions particulières à prendre emportant hypothèque à compter de leur date, pour les intérêts ou arrérages non conservés par la première inscription.

Art. 4.

Lorsqu'un immeuble aura été assuré, soit contre l'incendie, soit contre tout autre fléau, la somme qui sera alors due par l'assureur en cas de sinistre devra, si elle n'est pas appliquée par celui-ci à la réparation de l'immeuble, être affectée au paiement des créances privilégiées ou hypothécaires, selon le rang de chacune d'elles. Il en sera de même de toute indemnité qui serait due par des tiers à raison de l'expropriation, perte ou détérioration de l'immeuble grevé.

Tous paiements faits de bonne foi, avant toute opposition, seront valables.

ART. 5.

Les architectes, entrepreneurs, etc... n'auront aucun privilège, en raison de l'édification des constructions d'immeubles; ils pourront prendre hypothèque sur les immeubles dans les conditions qui seront précisées ci-dessous.

ART. 6.

Les architectes, entrepreneurs, maçons et autres ouvriers employés pour édifier, reconstruire ou réparer des bâtiments ou autres ouvrages quelconques, pourront, même avant d'avoir commencé leurs travaux, stipuler et faire inscrire une hypothèque sur les immeubles, à la charge d'en préciser l'assiette et de déterminer les sommes.

Cette hypothèque datera du moment de son inscription et elle ne pourra être opposée aux tiers antérieurs en date que si ces derniers ont cédé leur antériorité. Dans tous les cas et sous quelque régime qu'elle soit mariée, la femme sera autorisée à céder son antériorité hypothécaire, lorsqu'il s'agira de constructions ou de réparations ayant pour but de conserver ou d'améliorer les immeubles.

Il en sera de même à l'égard du tuteur et, dans ce cas, la cession d'antériorité aura lieu par une délibération du conseil de famille.

ART. 7.

L'hypothèque conventionnelle ne peut être établie que par acte authentique, en minute ou en brevet, ou par acte sous seing privé reconnu en justice ou devant notaire.

Les procurations à l'effet de constituer hypothèque doivent être données dans la même forme; toutefois lorsque les statuts, rédigés dans la forme authentique, des sociétés civiles ou commerciales donneront à plusieurs administrateurs le droit de conférer hypothèque sur les immeubles de la société, avec l'autorisation du Conseil d'administration ou de l'Assemblée générale, les délibérations constatant ces autorisations pourront être prises dans la forme des actes sous seing privé.

ART. 8.

L'hypothèque consentie pour sûreté d'un crédit ouvert est valable, elle prend rang à la date de son inscription, sans égard aux époques de l'exécution des engagements pris par le créditeur, laquelle pourra être établie par tous les moyens légaux.

Art. 9.

Les porteurs des effets créés ou négociés en vertu de l'ouverture de crédit bénéficieront de l'hypothèque jusqu'à concurrence du solde final du compte.

Art. 10.

Le créditeur, malgré la négociation des effets, conserve, à l'égard des tiers, le droit de disposer de l'hypothèque et d'en donner mainlevée. Toutefois, le porteur de ces effets peut, par une notification au conservateur des hypothèques et au créditeur, suspendre l'effet des actes de mainlevée ou autres qui porteraient atteinte à ses droits.

Cette notification doit contenir élection de domicile dans l'arrondissement.

Le conservateur la portera en marge de l'inscription et mention de cette formalité sera faite au bas de l'original de l'exploit. L'opposition n'aura d'effet que pendant deux ans, si elle n'est renouvelée; il pourra en être donné mainlevée par simple exploit.

Art. 11.

Tout créancier, dont la créance est exigible et dont le titre est exécutoire dans les termes des articles 2213 et 2215 du Code civil et 551 du Code de procédure civile, peut, quinze jours après la signification du commandement au débiteur, requérir aux bureaux des hypothèques l'inscription de ce commandement.

L'effet de cette inscription est limité aux immeubles spécialement désignés dans le commandement et situés dans le ressort des bureaux où elle est requise. Il subsiste pendant un délai de deux ans, à partir du commandement, nonobstant la péremption qui atteindrait ce dernier en vertu de l'article 674 du Code de procédure civile. A partir de l'inscription, aucune hypothèque ne peut être inscrite, au préjudice du créancier, sur les immeubles qui en sont frappés. L'inscription du commandement ne met pas obstacle aux aliénations que pourrait consentir le débiteur, mais le créancier aura, à l'égard de tout acquéreur inscrit postérieurement, le droit de surenchère. Ce droit ne peut pas être exercé si l'aliénation a eu lieu par adjudication publique, soit en justice, soit devant notaire et que le créancier y ait été appelé.

En tout cas, les aliénations et constitutions d'hypothèques deviennent définitives s'il y a mainlevée de toutes les inscriptions de commandement prises sur l'immeuble.

Le prix de l'immeuble, après l'acquittement des créances privilégiées et hypothécaires antérieurement inscrites, est distribué entre tous les créanciers par voie de contribution, sauf l'effet produit par une inscription d'hypothèque survenue postérieurement à l'inscription du commandement.

Art. 12.

La vente sur saisie immobilière purgera les immeubles de toutes les hypothèques, privilèges, droits de résolution ou de révocation, de retour et généralement de toutes les charges et de toutes les causes d'éviction qui peuvent les grever.

Art. 13.

Tout acquéreur sur aliénation volontaire pourra se soustraire à l'expropriation des immeubles hypothéqués, sous le nom des précédents propriétaires, en offrant aux créanciers inscrits de leur payer, aux époques convenues dans leurs contrats respectifs, le prix de son acquisition augmenté des intérêts.

Ces offres seront faites dans le mois au plus tard du commandement à fin de saisie immobilière qui leur aura été signifié.

Elles auront lieu par voie de lettre recommandée émanée du greffier du tribunal de la situation des biens.

Art. 14.

Si les créanciers déclarent au greffe, dans le mois, accepter les offres qui leur ont été faites, ils acceptent par là même le nouvel acquéreur pour débiteur et ils ne pourront le poursuivre qu'à concurrence du prix offert et sur l'immeuble hypothéqué.

Art. 15.

Les créanciers inscrits auxquels les offres ont été faites doivent, s'ils déclarent ne pas les accepter, former une surenchère du dixième sur les immeubles vendus.

Si l'acquéreur accepte pour lui cette surenchère, les immeubles ne seront remis en vente que si un ou plusieurs créanciers se soumettent à une nouvelle surenchère du dixième.

Les surenchères se feront par des déclarations au greffe, huit jours au plus tard après le rejet des offres. Après la première surenchère du dixième, l'acquéreur aura un délai de huit jours pour fournir son acceptation; s'il accepte, les créanciers auront un nouveau délai de huit jours pour former la seconde.

A l'expiration de ce délai, les immeubles seront vendus aux enchères, sur la mise à prix composée du prix principal augmenté d'un ou deux dixièmes suivant le cas, dans la forme usitée pour la vente des biens de mineurs.

Art. 16.

Si, dans le délai d'un mois à dater du jour des offres, les créanciers n'ont pas répondu par une déclaration au greffe, ils seront censés accepter le prix offert, et ils ne pourront poursuivre l'acquéreur que sur l'immeuble hypothéqué à concurrence de ce prix.

Art. 17.

L'acquéreur, n'étant pas juge du rang ni de la validité des hypothèques, ne pourra pas être tenu de payer un créancier hypothécaire sans le consentement des autres; faute par eux de s'entendre, il déposera la somme offerte à la Caisse des dépôts et consignations et les créanciers provoqueront l'ouverture de l'ordre.

Art. 18.

Sur le vu d'un certificat du greffier constatant que les offres ont été acceptées ou qu'il n'y a pas été répondu, et sur la représentation du titre d'acquisition transcrit, de l'état hypothécaire et de la quittance de la Caisse des dépôts, le conservateur des hypothèques radiera les inscriptions sans attendre la clôture de l'ordre, y compris l'inscription d'office.

15.779 — Lyon, Imprimerie du Salut Public, rue Molière, 71.

www.ingramcontent.com/pod-product-compliance
Ingram Content Group UK Ltd.
Pitfield, Milton Keynes, MK11 3LW, UK
UKHW020230180726
13838UKWH00005B/2295